BEI GRIN MACHT SICH IH
WISSEN BEZAHLT

- Wir veröffentlichen Ihre Hausarbeit,
  Bachelor- und Masterarbeit

- Ihr eigenes eBook und Buch -
  weltweit in allen wichtigen Shops

- Verdienen Sie an jedem Verkauf

Jetzt bei www.GRIN.com hochladen
und kostenlos publizieren

Anke Lederer, Dorothea Eggers

Öffentliche Verschlüsselung

GRIN Verlag

Bibliografische Information der Deutschen Nationalbibliothek:

Die Deutsche Bibliothek verzeichnet diese Publikation in der Deutschen National-
bibliografie; detaillierte bibliografische Daten sind im Internet über http://dnb.d-
nb.de/ abrufbar.

Impressum:

Copyright © 2003 GRIN Verlag GmbH
Druck und Bindung: Books on Demand GmbH, Norderstedt Germany
ISBN: 978-3-656-44990-4

Dieses Buch bei GRIN:

http://www.grin.com/de/e-book/18069/oeffentliche-verschluesselung

GRIN - Your knowledge has value

Der GRIN Verlag publiziert seit 1998 wissenschaftliche Arbeiten von Studenten, Hochschullehrern und anderen Akademikern als eBook und gedrucktes Buch. Die Verlagswebsite www.grin.com ist die ideale Plattform zur Veröffentlichung von Hausarbeiten, Abschlussarbeiten, wissenschaftlichen Aufsätzen, Dissertationen und Fachbüchern.

Besuchen Sie uns im Internet:

http://www.grin.com/

http://www.facebook.com/grincom

http://www.twitter.com/grin_com

Öffentliche Verschlüsselung

von

Anke Lederer
Dorothea Eggers
Universität Oldenburg

Datum: 24.05.2003

Inhaltsverzeichnis

Abbildungsverzeichnis

1 Einleitung

Verschlüsselung nimmt heutzutage eine wichtige Rolle im öffentlichen Leben ein, z.b. beim Online-Banking, e-commerce, aber auch beim Verschicken von geschäftlicher oder privater E-Mail. Die Grundbedürfnisse sind bei allen Beispielen gleich:

- Kein Unbefugter soll Einsicht in die Daten bekommen (Vertraulichkeit)

- Die Daten sollen bei der Transaktion nicht verändert werden können (Integrität)

- Der Empfänger muss sich sicher sein, dass der Sender auch wirklich der ist, für den er sich ausgibt (Authentizität)

Gerade am Beispiel des e-commerce wird die Relevanz dieser drei Punkte deutlich. Zum einen ist es nicht wünschenswert, dass Dritte Kenntnis über den eigenen Einkauf haben (z.B. bei Gesundheits- oder Erotikartikeln). Ebenso sollte es nicht möglich sein, eine Bestellung unbefugt zu verändern (man möchte eine Rolle Toilettenpapier bestellen und beim Versandhaus kommt eine Bestellung über 100 Rollen an). Auf der anderen Seite sollte ein Versandhaus davon ausgehen können, dass ein Kunde auch der ist, der er vorgibt zu sein (z.b. ein Kunde erhält eine teure Lieferung, die ein Dritter unter seinem Namen bestellt hat).

Die folgende Hausarbeit beschäftigt sich mit der Entwicklung und Anwendung öffentlicher Verschlüsselung. Der Fokus hierbei liegt auf der Verwendung solcher Verfahren in der Praxis. Die mathematischen Grundlagen der Verschlüsselung wurden hierbei außen vorgelassen, da sie den Umfang dieser Arbeit gesprengt hätten. Für tiefergehende Informationen sei in diesem Zusammenhang auf das Problem der Primfaktorzerlegung und das sogenannten Rucksack-Problem verwiesen. Diese Thematik lässt sich insbesondere an Hand des RSA Algorithmus gut nachvollziehen.

2 Symmetrisch

Die symmetrischen Verschlüsselungsalgorithmen tragen ihren Namen durch die Tatsache, dass Sender und Empfänger zum Verschlüsseln, bzw. Entschlüsseln der Nachricht, den gleichen geheimen Schlüssel verwenden (sie werden daher auch „private key" Verfahren genannt). Symmetrische Verfahren sind in der Regel sehr schnell, aber nur bedingt sicher, wie in den nachfolgenden Beispielen gezeigt werden soll.

2.1 Historisches

Die ersten bekannten Verschlüsselungsverfahren sind aus der Antike. Es existieren zahlreiche historische Varianten, die jedoch nur kurz erläutert werden sollen. Die folgenden Abschnitte befassen sich mit verschiedenen Verfahren, die zum besseren Verständnis der heute verwendeten Algorithmen dienen sollen.

2.1.1 Transpositionschiffren

Verschlüsselung durch Transposition ist eine der ältesten bekannten Methoden. Die Nachricht wird dadurch unkenntlich gemacht, dass die einzelnen Buchstaben nach festen Regeln gemischt werden(„Transposition"), aber ansonsten unverändert bleiben. Ein Beispiel für ein solches Verfahren sind die sogenannten „Skytale von Sparta". Die Nachricht wurde auf einen Lederstreifen geschrieben, der um einen Holzzylinder gewickelt war. Nur mit einem Zylinder gleichen Durchmessers konnte die Nachricht dann wieder gelesen werden (siehe Abb.1)

Abbildung 1: Skytale von Sparta

Für diese Verfahren ist es sehr wichtig, dass es geheim bleibt. Wenn das Vorgehen bei der Verschlüsselung z.B. durch einen Überläufer bekannt würde, könnte jede Nachricht relativ schnell vom Gegner entschlüsselt werden.

2.1.2 Monoalphabetische Chiffren

Bei monoalphabetischen Chiffren wird ein Buchstabe eines Alphabetes durch einen anderen ersetzt. Im Grunde handelt es sich bei diesem Verfahren um eine bijektive Abbildung: Jeder Buchstaben wird auf genau einen anderen Buchstaben abgebildet und keine zwei Buchstaben werden auf den gleichen projiziert.
In den einfachsten Fällen wird jeder Buchstabe auf denjenigen Buchstaben abgebildet, der eine feste Anzahl Stellen nach ihm im Alphabet kommt. Historische Quellen belegen, dass ein solcher Algorithmus von Caesar verwendet wurde, wobei jeder Buchstabe um 3 Stellen verschoben wurde. Mit anderen

Worten, aus A wurde D, aus B wurde E, aus C wurde F etc.

Monoalphabetische Chiffren sind aus zweierlei Gründen unsicher. Zum einen ist die Menge der Möglichkeiten beim Verschieben sehr gering (A kann maximal um 26 Stellen verschoben werden, danach wird es wieder auf sich selbst abgebildet), wodurch ein Entschlüsseln durch bloßes Ausprobieren möglich wäre. Ein viel größeres Problem ist allerdings, dass es in jeder Sprache Buchstaben und Buchstabentupel gibt, die wesentlich häufiger sind als andere. In der deutschen Sprache wären das z.B. ‚E' und ‚N'. Wenn ein Buchstabe abgebildet wird, übertragt sich allerdings auch seine Häufigkeit. Um ein Beispiel zu nennen, wenn man den Buchstaben ‚E' verschlüsselt, dann hat der zugehörige Geheimtextbuchstabe nachher die Häufigkeit, die vorher ‚E' hatte. Es sind also ohne weiteres Rückschlüsse vom Geheimtext auf den Klartext möglich.

2.1.3 Polyalphabetische Chiffren

Das Problem der statistischen Häufigkeit soll durch Polyalphabetische Chiffren gelöst werden. Bei Algorithmen dieses Typs wird ein Buchstabe des Klartextes nicht genau einem anderen Buchstaben zugewiesen, sondern es gibt mehrere Möglichkeiten, diesen Buchstaben zu ersetzen („polyalphabetisch"). Durch dieses Vorgehen soll die Häufigkeit einzelner Buchstaben verschleiert werden.

Der bekannteste Vertreter der Polyalphabetischen Chiffren ist wahrscheinlich Vigènere. Zum Verschlüsseln wird das sogenannte Vigènere-Quadrat verwendet (siehe Abb.2). Zunächst wird ein geheimes Schlüsselwort gewählt, das dann sukzessiv über den Klartext geschrieben wird. Klartextbuchstabe und Schlüsselbuchstabe an einer bestimmten Position werden dann verwendet um im Quadrat die Zeile, bzw. Spalte, auszuwählen, in der der zugehörige Geheimtextbuchstabe steht.

Zum besseren Verständnis hier ein kleines Beispiel. Die Nachricht lautet „Komme zu Treffen", als Schlüsselwort wird „LOSUNG" gewählt. Mit Hilfe des Quadrates wird dann folgende Verschlüsselung aufgebaut:

Klartext:　　　KOMMEZUTREFFEN
Schlüssel:　　　LOSUNGLOSUNGLO
Geheimtext:　　VCEGRFFHJYSLPB

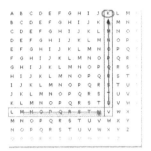

Abbildung 2: Vigènere-Quadrat

Wie schon erwähnt, werden gleiche Klartextbuchstaben nicht mehr grundsätz-
lich auf gleiche Geheimtextzeichen abgebildet (in diesem Fall die beiden ‚M´
s' und ‚F´ s'), bzw. unterschiedliche Buchstaben im Klartext können auf gleiche Buchstaben im Geheimtext abgebildet werden (‚Z' und ‚U' werden beide
zu ‚M').

Auch wenn dieses Verfahren schon wesentlich sicherer ist als die zuvor be-
schriebenen, so lässt sich der Code dennoch knacken. Da sich das Schlüsselwort periodisch wiederholt kann es leicht vorkommen, dass eine bestimmte
Zeichenkette mehrmals mit dem gleichen Teil des Schlüssels verschlüsselt
wird. Im Geheimtext ist dies an sich wiederholenden Zeichenfolgen zu erken-
nen. Dadurch lässt sich dann auf die Schlüssellänge schliessen, sobald diese
bekannt ist, kann der Text auf statistische Häufigkeiten untersucht werden.

2.2 Modernes

Wie aus den vorhergehenden Abschnitten klar geworden sein sollte, sind die
symmetrischen Verschlüsselungsverfahren für sich genommen nicht sehr sicher. Moderne Verschlüsselungsalgorithmen erreichen jedoch eine sehr hohe
Sicherheit, indem sie die verschiedenen Verfahren mischen und mehrmals hin-
tereinander ausführen.

Der erste Algorithmus diesen Typs war DES (Data Encryption Standard).
Für die Verschlüsselung wird die Nachricht binär kodiert und in Blöcke à 64
Bit aufgeteilt. Aus einem Schlüssel von 56 Bit (+8 Bit zur Fehlererkennung)
werden durch Permutation 16 Schlüssel generiert, die dann in genau so vielen
Runden zum Verschlüsseln der Nachricht verwendet werden. Obwohl in die-

sem Fall der Algorithmus, nach dem verfahren wird, bekannt und öffentlich zugänglich ist, kann er nur mit grossem Zeitaufwand unbefugt entschlüsselt werden. Für jeden 64 Bit Block des Geheimtextes existieren mehrere Möglichkeiten, wie er in einer Runde verschlüsselt und verschoben worden sein kann. Nach 16 Runden ist es für einen Menschen nicht mehr möglich, alle unterschiedlichen Transformationen von Hand auszuprobieren und in einer realistischen Zeit fertig zu werden. Da der Schlüssel eine Länge von 56 Bit hat, gibt es 2^{56} mögliche Schlüssel. Selbst wenn man zum Testen eines Schlüssels nur eine Minute bräuchte, würde der Zeitaufwand insgesamt über 100 Milliarden Jahre betragen.

Für einen Computer ist ein solcher „Brute Force" Angriff allerdings inzwischen ohne Weiteres zu schaffen. Es wurden daher mehrere Nachfolger von DES entwickelt, die heute eingesetzt werden. Zu den Bekanntesten zählen IDEA, AES, Blowfish und RC5.

2.3 Fazit

Symmetrische Verschlüsselungsverfahren sind einfach zu implementieren und sehr schnell beim Ver- und Entschlüsseln. Moderne Verfahren gewährleisten Vertraulichkeit, problematisch ist allerdings, dass Integrität und Authenzität nur implizit durch das gemeimsame Geheimnis, also den Schlüssel, gewährleistet werden sollen.

Das größte Risiko liegt damit beim Austausch eines geheimen Schlüssels im Voraus, denn dies ist nicht immer möglich oder sicher. Dieses Problem wird von der asymmetrischen Verschlüsselung gelöst.

3 Asymmetrisch

Asymmetrische Verschlüsselungsverfahren (auch „public-key-Verfahren" genannt) basieren auf der Idee, dass man für das Ver- und Entschlüsseln zwei unterschiedliche Schlüssel benötigt. Jeder Teilnehmer besitzt zwei Schlüssel. Einen Schlüssel, der frei zugänglich gemacht werden kann, den sogenannten öffentlichen Schlüssel („public key") und einen Schlüssel, der geheim gehalten werden muss, den sogenannten privaten Schlüssel („private key").

Diese Teilung der Schlüssel hat gegenüber den symmetrischen Verfahren den Vorteil, dass man sich nicht mehr über einen sicheren Kanal auf einen Schlüssel einigen muss, sondern man kann den öffentlichen Schlüssel auch über unsichere Kanäle übermitteln.

3.1 Grundregeln

Es gibt zwei Grundregeln beim public-key-Verfahren:

1. Mit einem öffentlichen Schlüssel chiffrierte Daten können *nur* mit dem dazugehörigen privaten Schlüssel wieder dechriffriert werden.

2. Mit einem privaten Schlüssel chiffrierte Daten können *nur* mit dem dazugehörigen öffentlichen Schlüssel wieder dechiffriert werden.

Basierend auf Grundregel 1 kann man einer Person B folgendermassen eine geheime Nachricht zukommen lassen:

- A holt sich den öffentlichen Schlüssel von B

- A chiffriert die Nachricht mit B's öffentlichen Schlüssel

- B kann diese Nachricht nun mit seinem privaten Schlüssel dechiffrieren

- A kann sich sicher sein, dass nur B die Nachricht dechiffrieren kann, da nur er den passenden privaten Schlüssel besitzt

Somit kann die Vertraulichkeit einer Nachricht gewährleistet werden.

Die 2. Grundregel erscheint zunächst auf den ersten Blick sinnlos, da der öffentliche Schlüssel jedem zugänglich ist und somit keine Vertrauchlichkeit garantiert werden kann. Allerdings eignet sich diese Methode, um die Authentizität des Schreibers zu garantieren, man nennt sie auch „digitale Signatur". Um wieder auf das obige Beispiel zurückzukommen:

- A verschlüsselt eine Nachricht mit seinem eigenem privaten Schlüssel

- B kann diese Nachricht nur mit dem öffentlichen Schlüssel von A dechiffrieren

- B kann sicher sein, dass die Nachricht von A ist, denn nur er besitzt den entsprechenden privaten Schlüssel

Um Vertraulichkeit *und* Authenzität zu gewährleisten, werden beide Verfahren gemischt:

- A verschlüsselt eine Nachricht mit seinem privaten Schlüssel

- A verschlüsselt diese Nachricht nun nochmal mit B's öffentlichen Schlüssel

- Somit ist gewährleistet, dass nur B die Nachricht entschlüsseln kann und B kann sich sicher sein, dass die Nachricht von A ist

Das wichtigste bei diesem Verfahren ist, dass die beiden Schlüsselpaare voneinander abhängig sind (die mit einem öffentlichen Schlüssel chriffrierten Daten dürfen nur mit dem dazu passenden privaten Schlüssel wieder dechiffriert werden können), aber die Schlüssel dürfen sich nicht auseinander berechnen lassen (wenn man also einen öffentlichen Schlüssel von jemanden hat, darf man aus diesem nicht den privaten Schlüssel berechnen können).

3.2 Fazit

Der Nachteil der asymmetrischen Verfahren ist, dass sie relativ lange zum Ver- und Entschlüsseln benötigen (im Vergleich zur symmetrischen Verschlüsselung etwa um Faktor 100). Deshalb werden in der Praxis oft sogenannte „Hybrid-Verfahren" benutzt, in denen sowohl symmetrische als auch asymmetrische Verfahren zum Einsatz kommen:
Die Nachricht wird symmetrisch chiffriert und der dazu gehörende Schlüssel („Session-Key" genannt) wird mit einem asymmetrischen Verfahren übermittelt. So kombiniert man die Schnelligkeit von symmetrischen Verfahren mit dem unproblematischen Schlüsselaustausch der asymmetrischen Verfahren.
Bekanntestes Beispiel für Hybrid-Verfahren ist PGP („Pretty Good Privacy").

4   Hash-Funktionen

Hash-Funktionen sind streng genommen keine Verschlüsselungsverfahren. Sie sind eine Art „Einweg-Verschlüsselung", man kann mit ihnen also Daten verschlüsseln, aber nicht wieder entschlüsseln. Dabei wird eine Nachricht auf einen kurzen, praktisch eindeutigen Wert abgebildet (z.b. auf eine 32-stellige Hexadezimalzahl). Das wichtigste dabei ist, dass man bei gleichen Daten, immer dasselbe Hash-Ergebnis bekommen muss. Ändern sich die Daten auch nur um einen Bit, muss sich das Hash-Ergebnis auch ändern.
Der Hash-Wert ist nicht ganz eindeutig. Es besteht durchaus die Möglichkeit, dass zwei Nachrichten denselben Hash-Wert erzeugen. Die Praxis hat jedoch gezeigt, dass dieses Problem zu vernachlässigen ist.
Bekanntester Vertreter für Hash-Funktionen ist MD5.

Durch das „Verhashen" einer Nachricht kann man also einen praktisch eindeutigen Fingerabdruck von ihr erzeugen. Diese Funktionen kann man

einsetzen, um die Integrität einer Nachricht sicherzustellen, indem man neben dem Verschlüsseln auch noch den Fingerabdruck mitschickt. Konkret:

- A schickt eine Nachricht und dessen Fingerabdruck an B

- B erstellt mit der Nachricht erneut einen Fingerabdruck und vergleicht ihn mit dem von A geschickten

- Sind beide Fingerabdrücke identisch, kann B sicher sein, dass die Nachricht unverändert bei ihm angekommen ist

Hashfunktionen verhindern also nicht das Verändern einer Nachricht durch Dritte, sie bieten lediglich die Möglichkeit Änderungen zu entdecken.

5 Zusammenfassung

Zusammenfassend kann man sagen, dass keines der vorgestellten Verfahren die drei Grundbedürfnisse der Verschlüsselung (Vertraulichkeit, Integrität und Authentizität) komplett abdeckt. Durch Kombination der Verfahren kann jedoch eine ausreichende Sicherheit gewährleistet werden.

Diese Sicherheit hängt jedoch stark mit der Leistungsfähigkeit verfügbarer Rechenkapazitäten zusammen. Je schneller die Rechner werden, desto höher ist die Wahrscheinlichkeit, dass ein „Brute-Force"-Angriff Erfolg hat. Dadurch besteht die Notwendigkeit, dass bestehende Verschlüsselungsverfahren laufend verbessert bzw. neue bessere Verfahren entwickelt werden müssen.

Literatur

[BFSS98] Reinhard Bertram, Stephan Fischer, Achim Steinacker und Ralf Steinmetz: *Open Security*, Springer-Verlag, Heidelberg, 1998

[Nus98] Stefan Nusser: *Sicherheitskonzepte im WWW*, Springer-Verlag, Heidelberg, 1998

[Sch96] Bruce Schneier: *Angewandte Kryptographie*, Addison-Wesley, Bonn, 1996